RECHERCHES

SUR NOS

VIEUX NOËLS

CONSIDÉRÉS

COMME CHANTS POPULAIRES

PAR

M. l'abbé CORBIN

Aumônier de l'OEuvre des Savoyards
Membre de la Société française d'Archéologie pour la conservation des monuments historiques

---

(Extrait du CONGRÈS SCIENTIFIQUE DE FRANCE, 28ᵉ Session, T. V.)

PRIX : 1 FRANC
au profit d'une École à fonder à Roaillan

BORDEAUX
Maison LAFARGUE
L. CODERC, F. DEGRÉTEAU & J. POUJOL, SUCCESSEURS
Rue du Pas Saint-Georges, 28.

1864

OUVRAGES DU MÊME AUTEUR

I. — Iconographie Bordelaise de l'Immaculée Conception, 1862.

II. — Du parallélisme de l'Ancien et du Nouveau-Testament, dans la peinture sur verre, 1862.

III. — Relation des fêtes de Rome en 1862, pour la canonisation des martyrs du Japon.

IV. — Notre-Dame de Lorette, près La Réole (Gironde), 1863.

V. — Examen critique de Notre-Dame d'Aquitaine, 2ᵉ édition, 1863.

VI. — La Cathédrale de Bordeaux, Étude historique et archéologique, 1864.

(L'auteur prépare en ce moment une deuxième édition plus complète de cet ouvrage.)

RECHERCHES

SUR NOS

VIEUX NOËLS

CONSIDÉRÉS

COMME CHANTS POPULAIRES

PAR

M. l'abbé CORBIN

Aumônier de l'Œuvre des Savoyards
Membre de la Société française d'Archéologie pour la conservation des monuments historiques

(Extrait du CONGRÈS SCIENTIFIQUE DE FRANCE, 28ᵉ Session, T. V.)

Prix : 1 Franc

au profit d'une École à fonder à Roaillan

BORDEAUX

Maison LAFARGUE

L. CODERC, F. DEGRÉTEAU & J. POUJOL, SUCCESSEURS

Rue du Pas Saint-Georges, 28.

1864

RECHERCHES

SUR NOS

VIEUX NOËLS

CONSIDÉRÉS COMME CHANTS POPULAIRES

Parmi les chants populaires du moyen âge et de la Renaissance, dont l'étude peut offrir le plus d'intérêt, les anciens Noëls nous semblent mériter la place d'honneur dans la série des chants *religieux*, et n'être pas inférieurs aux chants *historiques* et *domestiques* de cette double période. Telles sont, en effet, les trois classes de chants *populaires*, par lesquels il faut entendre ces productions naïves de l'esprit public, où se reflètent l'histoire, les mœurs et les croyances de nos aïeux. C'est à ce point de vue, encore plus qu'à celui du goût littéraire, que nous allons explorer les sources de nos vieux Noëls, et nous suivrons à leur trace les progrès de notre langue nationale. Inutile de faire observer que nous n'avons pas la prétention d'épuiser la matière; au lieu d'un Traité complet, c'est un simple Mémoire que nous venons présenter au Congrès.

Il importe d'abord de bien établir nos divisions. Le moyen âge nous paraît embrasser, en littérature et dans les beaux-arts, non pas la durée qui sépare historiquement la chute de l'empire romain et celle de l'empire d'Orient (476-1453); mais les beaux siècles de la chevalerie et des croisades, des trouvères et des troubadours, de l'architecture ogivale et du symbolisme chrétien, sans lequel nos cathédrales seraient un corps sans âme. — De même, la Renaissance n'est à nos yeux qu'une ère de transformation de notre langue, une époque de transition du moyen âge au siècle de Louis XIV, et nous le prenons au règne de Louis XI[1], pour le clore avec la branche des Valois, à l'avènement de Henri IV. Cet intervalle est surtout célèbre par l'impulsion féconde qui fut donnée aux lettres et aux arts, grâce à l'invention de l'imprimerie et au règne de François Ier, sous lequel l'idiome vulgaire fut enfin émancipé dans les actes publics. — C'est ainsi que nous arrivons au XVIIe siècle, où s'arrêtent nos recherches, parce qu'il appartient à l'histoire de la littérature moderne.

I. L'âge d'enfance de notre langue commence, pour ainsi dire, avec la monarchie française, mais le serment de Charles-le-Chauve est peut-être le plus ancien monument que nous en ayons. Sous les derniers Carlovingiens et les premiers Capétiens, l'État fut désolé par des troubles et des guerres dont le contre-coup affaiblit les études; la langue latine, jusqu'alors très en vogue, se dénatura, et cette corruption, jointe à celle du celtique, enfanta une multitude assez confuse de patois tudesques et romans[2]. Nous reviendrons sur leur filiation[3]. Cependant l'idiome populaire, avec ses nombreux dialectes, fut admis dans le temple pour la prédication; et les motifs de cette concession, réclamée par les besoins de la classe illettrée, s'étendirent aux cantiques spirituels : c'est qu'ils interprétaient aux fidèles les psaumes et les hymnes liturgiques, dans un langage qui leur devenait plus familier que le texte. Peu à peu, le latin se vit réduit à

---

[1] Auteur des *Cent nouvelles*, où l'on surprend le germe de notre français classique. (F. Wey.)

[2] *Dictionn. de plain-chant*, édit. Migne.

[3] Voir ci-après, § IV.

demander un asile aux cloîtres, aux chancelleries du royaume et aux écoles du clergé séculier.

Ces modifications de la langue usuelle dans le domaine religieux, donnèrent une physionomie nouvelle à ses produits. Ainsi, bien que le cantique soit en général toute poésie sacrée qui se chante, — il devint, dans un sens plus restreint, une composition *en langue vulgaire* sur divers sujets de morale et de piété. — Le *Noël*, destiné à célébrer la naissance du Christ et les mystères qui s'y rattachent, n'est donc qu'une espèce originale, une nuance du cantique *fait de main d'homme*. L'absence d'inspiration divine, le tour de phrase et la rime inhérente à notre versification, le distinguent largement du cantique sacré des Hébreux.

Abstraction faite du nom, qui n'apparaît que plus tard, le Noël existait au moins dès la fin du XIe siècle. Lambert, prieur de Saint-Wast d'Arras, en parle au siècle suivant comme d'une pratique universellement reçue, c'est-à-dire antérieure au temps où il vivait. D'après lui, « les fidèles se consolaient des ténèbres de la nuit de Noël par l'éclat d'un nombreux luminaire, et, d'une voix vibrante, ils chantaient des cantiques populaires selon l'usage des Gaulois :

> Lumine multiplici noctis solatia præstant,
> Moreque Gallorum carmina nocte tonant.

Mais ne serait-ce alors qu'une pieuse innovation de cette époque? Nous ne le croyons pas, car saint Paul écrivait aux Éphésiens : *In psalmis, et hymnis, et canticis spiritualibus... cantantes Domino*. Cette gradation est digne de remarque; d'abord les psaumes, puis les hymnes, enfin les cantiques, peut-être même non inspirés. Nous pourrions citer plusieurs passages des Pères sur l'antiquité de ces derniers chants où le peuple chrétien prenait à l'église une plus large part. [1] —

---

[1] Saint Justin, *Apologétique*; — Saint Ephrem, cité par Fleury, *Hist. eccl.* — Tertullien, *Apologétique*, c. 39.

Pour nous borner aux Noëls sous forme d'hymnes latines [1], nous dirons que beaucoup de celles-ci furent chantées primitivement comme de simples cantiques [2]; ce n'est qu'au XII*e* siècle qu'on les aurait insérées dans le corps de l'office romain. Quant aux séquences ou proses rimées, qui surgirent en masse depuis les Carlovingiens, elles n'étaient souvent que des chants monastiques ou populaires, consacrés ensuite par la liturgie [3]. Et comme la langue latine fut généralement celle du peuple jusqu'à la formation du patois rustique et des patois romans, il en résulte que ces hymnes et ces proses étaient à l'instar de vrais cantiques vulgaires, spécialement à son usage. Elles sont ainsi désignées par le traducteur des *Noei Borguignon* [4], M. Fertiault, un de nos plus savants philologues.

On ne saurait donc révoquer en doute que ces cantilènes, d'un genre mixte, n'eussent déjà leur place marquée dans les mœurs et coutumes de nos bons aïeux; l'anniversaire de la Nativité dut surtout en fournir le motif. Depuis le II*e* siècle, il jouissait d'une grande popularité. Clément d'Alexandrie, qui mourut en 217, en fait mention comme d'une immense fête de famille, introduite dès l'origine au foyer domestique. Saint Jean-Chrysostôme se félicitait, dans une homélie de circonstance, du zèle des Orientaux à célébrer Noël; mais il ajoutait que ce culte leur venait des contrées de l'Occident.

Plus tard, nous voyons que ce jour *de liesse* ouvrait l'année civile des Francks, et qu'on y échangeait les souhaits d'usage à cette occasion. Le Pape Léon III l'avait choisi pour le sacre impérial de Charlemagne; ce monarque ceignit le nouveau diadème au milieu de *vivat* où transpirait notre vieux cri de joie. Flodoard, écrivain du X*e* siècle et chanoine de Reims, y fait allusion dans sa chronique si intéressante.

Ce serait ici le lieu de rechercher l'étymologie du mot *Noël*,

---

[1] Par exemple, *Conditor alme siderum;* — *A solis ortûs cardine;* — *Hostis Herodes impie....*, qui remontent au IV*e* et V*e* siècles.

[2] Godard, *Cours d'archéologie*, t. II, p. 560.

[3] *Ibid.*

[4] Paris, chez Locard-Davi, 1858.

employé pour désigner le mystère de la Nativité, les chants qui le traduisent par les rhythmes de l'harmonie et l'un de nos cris nationaux du moyen âge. Sous ce dernier aspect, nous le constatons au baptême de Charles VI. Monstrelet nous apprend que lorsque Philippe-le-Bon, duc de Bourgogne, ramena sa sœur à son beau-frère le duc de Bedfort, « y fut faicte grand'joie des Parisiens : si crioit-on *Nouël* par les carrefours où ils passoient. » A-peu-près vers le même temps, lors du sacre de Charles VII à Reims, « tout homme cria *Noël*, et les trompettes sonnèrent en telle manière, qu'il sembloit que les voultes de l'église se dussent fendre. »

Nous concluons de ces faits que le primitif *Nouël*, selon l'ancienne prononciation latine, appartient à l'époque de formation de notre idiome national. Les uns y ont vu une abréviation d'*Emma-nuel* (Dieu avec nous), par suppression des deux premières syllabes, pour avoir un cri de joie populaire vif et dégagé. D'autres le font dériver de *Natale*, le jour natal ou la nativité de Notre-Seigneur ; le patois bourguignon l'avait corrompu en *nau*, *nadau* et *naulet*, expressions qui se retrouvent souvent dans les Noëls de La Monnoie ; les Bisontins disaient *Nouë*, les Picards *noë* ou simplement *no*, etc. Enfin il en est qui le prennent pour synonyme de *nouvel*, en latin *novus*, le nouveau-né par excellence, le nouvel Adam ; c'est ainsi que nos pères disaient encore le *renouveau* pour le printemps, et, dans la Bretagne, on continue à désigner le Christ au berceau sous le nom d'Enfant-Noël [1]. Aucune de ces étymologies ne nous paraît improbable, et peut-être faut-il les voir toutes réunies dans une sorte de synthèse.

Quoi qu'il en soit, le mot Noël fut affecté de bonne heure aux cantiques sur les mystères de la Crèche, et ces compositions naïves ont revêtu trois formes successives : les *proses rimées*, les *farcis* et les *noëls* proprement dits.

II. On appelle *proses*, en liturgie, des cantiques affranchis de toute règle métrique. Régulièrement, elles sont en

---

[1] *Calendrier eccl. de Bordeaux*, 1858.

latin, et, quand on les insérait dans le Missel, elles prenaient le nom de *sequentia*, séquence, ou ce qui suit le Graduel avant l'Évangile. M. d'Ortigue pense que le moyen âge composa quelques proses en langue vulgaire, pour l'instruction du peuple qui n'entendait pas le latin [1]; mais il ne nous en est parvenu aucune, à moins qu'on ne veuille entendre par là des cantiques où le compositeur ait fait bon marché de la rime et de la cadence. Du reste, on voit que l'étymologie du mot prose est une abréviation de *pro sequentia*.

Le Missel romain, qui renferme d'admirables *séquences* pour les fêtes de Pâques, de Pentecôte, du Saint-Sacrement et des Trépassés, n'en a point sur la Nativité; mais il en était autrement dans presque tous les diocèses qui suivaient un rit particulier. Le supplément au *Glossaire* de Ducange nous apprend qu'aux Matines de Noël, on chantait vers le XIIe siècle, à Cambrai, trois proses latines. Ailleurs on les remplaçait par une cérémonie dont il sera question aux Noëls *farcis*. Ajoutons que presque tous nos vieux eucologes, même selon le rit romain, ont une prose attribuée à saint Bernard et traduite en vers français qui sont loin d'être irréprochables. Nous leur préférons une imitation insérée dans un ancien Recueil des Noëls de Langres (date inconnue). En voici le commencement :

> Déjà le feu dont la mi-nuit
> Se trouve richement peinte,
> Verse le sommeil et sans bruit
> Roule sur la Terre-Sainte,
> Quand, par miracle non pareil,
> D'une étoile naquit le soleil.

Saint Bernard avait dit :

> Res miranda !
> Natus est.... sol de stella :
> Sol occasum nesciens,
> Stella semper clara.

---

[1] *Dict. de plain-chant.*— Dans le cas où elles auraient existé, l'Église a dû les bannir de sa liturgie, qui requiert l'emploi de la langue latine.

Plusieurs strophes de cette *prose* nous montrent déjà un gracieux mélange de rimes accouplées et de rimes croisées. Or c'est une probabilité qu'il existait alors, — nous sommes toujours au XIIe siècle, — des cantiques en dialecte vulgaire, et surtout des Noëls, les uns et les autres frappés au coin de ce cachet propre à la Muse gauloise. La rime est chez nous, plus que partout ailleurs, une sorte de produit de terroir. Aussi la retrouve-t-on chez nos poëtes primitifs, tels que Pierre-le-Troubadour. Des philologues vont même jusqu'à en faire honneur à Bardus V, roi des Gaules, de qui nos bardes auraient pris leur nom. Les *Chants populaires de la Bretagne*, par M. de La Villemarqué, nous donnent, à cet égard, d'intéressants détails.

La rime se dessine davantage dans une autre prose d'Abélard, sur la Nativité, dont voici une strophe :

Natura premitur	La nature est vaincue
In partu Virginis;	Dans l'enfantement virginal ;
Rex regum nascitur	Le Roi des rois prend naissance,
Celans vim Numinis,	Cachant l'éclat de sa Divinité,
Sed rector superûm.	Mais souverain des cieux.

On remarquera l'analogie du texte avec la forme analytique de notre langue, puisqu'on a pu le traduire sans déplacer aucun mot. C'est ainsi que le latin perdit souvent, au moyen âge, sa physionomie de langue transpositive, pour mieux s'identifier avec notre génie national. On pensait en français et l'on écrivait en latin calqué sur la pensée. La basse latinité de cette époque nous en fournirait une foule d'exemples. Citons encore, du XIIIe siècle, le *Puer nobis nascitur* et le *Votis Pater annuit*, toujours à rimes croisées. Enfin, nous signalerons comme un des morceaux les plus populaires du genre, l'*Adeste fideles*. Ces trois dernières compositions se trouvent, avec la prose *Lætabundus* de saint Bernard, dans la plupart de nos vieux eucologes. M. Didron, rédacteur des *Annales archéologiques*, et M. Félix Clément ont recueilli, de nos jours, les plus belles *séquences* du moyen âge, sur le divin berceau.

Le XIe volume de ces mêmes Annales renferme aussi un mystère dramatique, tout en latin, de la Nativité. On le jouait dans l'Armorique, au XIVe siècle. Tous les dialogues sont rimés et plusieurs se chantaient sur des airs spéciaux, qui se rapprochaient du plain-chant. D'abord écrits par des moines et des clercs, ces drames furent représentés par eux, et cette circonstance nous explique pourquoi l'idiome vulgaire n'y parut que lorsque les bourgeois prirent part à ces jeux *spirituels*. M. Onésyme Leroy en a donné une histoire consciencieuse. En résumé, ces *proses* et ces mystères ou drames religieux sont un prélude au second type de Noëls qui va s'offrir à nos recherches, et l'on nous pardonnera d'en avoir montré la filiation, au risque de commettre un hors-d'œuvre.

III. Les premières compositions romanes que nous ayons, en fait de Noëls, sont mélangées de latin et ont produit ce qu'on appelle des pièces *farcies* ou simplement des *farcis*. Nous en signalerons une qui date du XIIIe siècle et qu'a signée Pierre Corbeil, archevêque de Sens. La moitié de cette pièce est une prose latine et rimée sur l'un des animaux que la tradition populaire a placés dans l'étable de Bethléem. Elle est ordinairement désignée par son début *Orientis partibus*, et se trouve, avec le refrain en vieux français, dans l'ouvrage de M. d'Ortigue, cité plus haut.

Cette composition a servi d'accompagnement, sinon de thème, à une cérémonie bizarre en l'honneur de la Nativité du Christ. On l'a baptisée du nom de *fête des fous*, parce que le peuple s'y abandonnait aux transports d'une gaîté folle, en dédommagement des anciennes saturnales. Dans le principe, l'Église ne jugea point à propos d'interdire ces réminiscences païennes, mais elle ne les tolérait qu'en les épurant au pied de la Crèche, et en leur donnant une autre direction. Cependant il y eut des abus où les clercs se laissèrent parfois entraîner, et plus tard on dut les supprimer. Nous aurions tort, néanmoins, de les juger avec la sévérité d'une civilisation plus raffinée.

Les divers épisodes de la fête des fous se prolongeaient jusqu'au 14 janvier, avec changements de scènes et de *mystères dramatisés*. Les animaux légendaires de Bethléem y jouaient un rôle important. Comme ils avaient réchauffé l'Enfant-Dieu de leur haleine, nos candides aïeux ne pouvaient les oublier, et chacun d'eux avait sa *prose* et sa fête particulière. Leur naïve reconnaissance aimait donc à les associer aux effusions de leur joie ; aussi le bœuf et son compagnon recevaient-ils une véritable ovation les deux premiers jours de la Nativité. Dès que, pour annoncer la cérémonie, un héraut avait crié Noël, « aussitôt, disent les chroniqueurs du temps, le peuple se mettait en liesse. » Puis l'on amenait l'un après l'autre, sous le porche de l'église, les élus de cette fête populaire, auxquels on chantait des couplets *farcis*.

Quelle est, maintenant, leur valeur morale et littéraire ? — Comme moralité, j'y pressens certaines analogies avec les aphorismes de La Fontaine ; témoin ce passage de l'*Orientis* :

> Dùm trahit vehicula,
> Dura terit pabula.

C'est la devise : « Travail et sobriété. » Elle devrait être, aujourd'hui comme alors, celle de tous les habitants de la campagne. Ils y trouveraient un double élément d'amélioration dans leur sort. — D'un autre côté, il était bien légitime de se livrer aux plus gais transports, puisque les hôtes naturels de l'étable semblaient les partager, et que leur exemple eût fait rougir les indifférents. Denisot a reproduit cette pensée dans ses Noëls, imprimés en 1553. Enfin, quelle leçon d'*humanité* envers les animaux les plus utiles au pauvre peuple, dans les honneurs presque religieux qu'on leur rendait !

Quant au cachet littéraire de ces poésies mixtes, il nous offre cette curieuse progression de notre idiome national, cherchant à évincer la langue latine : d'abord l'élément latin y domine, mais il laisse empiéter sur son terrain ; puis, les deux langues rivales, — la mère et la fille, — y occupent une place à-peu-près égale ; en dernier lieu, le français reste maître du champ de bataille, après six siècles d'antagonisme. Citons pour exemple de la phase intermédiaire, un Noël rajeuni par la Renaissance, mais dont l'original datait du vrai moyen âge ; il est intitulé : *La joie des bestes à l'advenement de Jésus-Christ* :

> Comme les bestes autrefois
> Parloient mieux latin que françois,
> Le coq, de loin voyant le faict,
> S'ecria : *Christus natus est !*
>
> Le bœuf, d'un air tout ébaubi,
> Demande : *Ubi ? ubi ? ubi ?*
> Et la chèvre, à ce *Tu autem*,
> Respond que c'est à *Beth...lé...hem.*
>
> Maistre baudet, *curiosus*
> De l'aller voir, dit : *Eamus !*
> Et droit sur ses pattes, le veau
> Mugit deux fois : *Volo, volo !*

C'est bizarre et moins que poétique, surtout si l'on y joint l'harmonie *imitative* usitée alors au foyer domestique [1] ; mais n'oublions pas que ces chants furent créés par les masses d'un peuple encore peu civilisé. Il ne faut pas s'y méprendre : les vrais chants populaires sont l'œuvre successive de plusieurs générations, sans auteurs connus. Cependant à un jour donné survient un *collecteur* qui les met en ordre, les édite et parfois les corrige maladroitement. Après tout, ces Noëls primitifs ne sont pas plus ridicules que les poésies macaroniques dont fut inondée la première moitié du XVII⁰ siècle ; et puis, on ne leur contestera pas le mérite de l'originalité et de la sève gauloise qu'on aime à trouver dans les pièces de vers.

[1] Ainsi le *Christus natus est* du coq se chantait d'une voix stridente ; le triple *oubi* du bœuf imitait bien son mugissement ; le bêlement de la chèvre était rendu par la prononciation chevrotante de Bethléem, etc. Les Noëls de La Monnoie nous en offrent de nombreux exemples.

Nous pourrions citer encore, dans le même genre, quelques Noëls de Saboly et du recueil imprimé à Tours, en 1673, chez Poinsot ; mais ces compositions appartenant à la littérature moderne, nous nous bornons à les indiquer. Seulement nous ferons observer que l'usage des Noëls *farcis* s'est perpétué jusqu'à nos jours, qu'on les chante en plein XIXe siècle dans les diocèses de Bourges, de Versailles, de Bordeaux, etc.; enfin, qu'ils furent introduits sur une plus grande échelle dans les drames liturgiques de la Nativité, lorsque les bourgeois et le peuple en devinrent les acteurs [1]. Pour compléter ce paragraphe, nous signalerons les processions dramatiques, telles que celles de Béthune, pendant lesquelles on jouait les mystères sur des hourts ou des échafauds, espèces de reposoirs-théâtres. Ces diverses représentations furent surtout en vogue du XIIIe au XVIe siècle inclusivement.

IV. Malgré toutes nos recherches, le moyen âge proprement dit ne nous a pas fourni une moisson très-abondante de Noëls ; mais nous en passons peut-être et des meilleurs. Si bien que l'on glane, il reste toujours des épis sur le sol. Il est d'autant plus probable que de précieux documents nous ont échappé, qu'aux trois ou quatre siècles qui précédèrent la Renaissance, la fête de Noël était plus populaire que de nos jours ; mais outre que notre Bibliothèque publique, — la seule où nous ayons puisé, — est peu riche en recueils de vieux Noëls, nous avons à constater deux autres causes de cette pénurie.

La première, c'est que l'imprimerie n'étant pas encore inventée, il fallait se borner à la ressource des manuscrits et des traditions orales ; les livres furent même très-chers de 1450 à l'aurore du XVIe siècle, époque d'enfance et d'essai de la typographie ; par conséquent, les livres étaient aussi rares que le peuvent être des objets de luxe.

La seconde nous semble tenir à la dureté native de nos plus anciens monuments littéraires, tout imprégnés de tudes-

---

[1] Par exemple, à Saint-Malo et à Dieppe. (CH. NISARD.)

que, et au croisement des divers patois qui, morcelant le roman rustique, se localisaient dans les provinces de France. Pas plus que la langue vulgaire, ils n'avaient encore de formes bien arrêtées. Mais une fois que le glossaire de ces nombreux idiomes fut constitué et que l'imprimerie eut multiplié ses tirages en les simplifiant, ces deux causes, à l'inverse des précédentes, se prêtèrent un mutuel secours. Aussi le XVIe siècle, par lequel nous allons terminer cette Étude, combla-t-il les lacunes du moyen âge en reproduisant ses travaux. Le *Manuel du libraire* mentionne une quinzaine de recueils de cette époque, la plupart intitulés : « Noëlz nouveaulx, ou nouvellement composéz. » Toutefois leur facture montre qu'ils ne sont en partie que d'anciennes compositions rajeunies. D'ailleurs leur titre même suppose la préexistence de celles-ci.

Beaucoup d'autres recueils de ce genre sont énoncés dans la splendide publication : *Moyen âge et Renaissance.*

Ce n'est pas que ces chants populaires ne soient, en somme, fort médiocres : le goût littéraire n'était pas encore formé ; on se contentait d'être simple, et parfois on tombait dans une naïveté triviale. Cependant nous découvrirons des perles enfouies dans ces débris d'un autre âge.

Mais comment en a-t-il jailli une telle profusion de Noëls ? C'est demander le secret de leur popularité. Or, voici ce que nous dit à cet égard M. l'abbé Artaud [1] :

« Ce cantique, d'un genre simple, familier et naïf, excitait un engouement d'autant plus vif qu'il répondait à un besoin général, et que le peuple voyait s'y refléter, dans sa langue maternelle, l'objet de ses croyances et la nature de son intelligence. Car les dialectes romans s'étant peu à peu transformés en idiomes provinciaux, le Noël prit une physionomie analogue au caractère, aux usages, au tour d'esprit des habitants pour lesquels il était composé, se modifiant, toutefois, selon le mouvement des mœurs et la marche des

---

[1] *Dictionn. de plain-chant.*

idées, mais conservant au fond ce cachet de terroir qui constituait son individualité propre. »

Le XVIe siècle nous offrira donc deux sortes de recueils : des Noëls patois, — ce sont les plus nombreux, — et des Noëls français.

Les patois de France, dit M. Mary-Lafon, se divisaient en deux familles aussi tranchées que les races qu'ils représentaient : celle des patois méridionaux parlés par la race Galloromaine, — et les dialectes du Nord. La Loire établissait la ligne de démarcation entre la langue d'*oïl*, celle des trouvères, et la langue d'*oc,* que parlaient les troubadours. Au sud de la Loire, douze dialectes principaux, dont les plus riches en Noëls sont : le Languedocien, le Provençal, l'Auvergnat, le Limousin et le Poitevin ; nous distinguons au nord le Bourguignon, le Bisontin, le Breton.

Il est impossible de citer, même par de courts extraits, le répertoire ou plutôt les collections des noëls patois : ce serait un travail de trop longue haleine, et puis, il faudrait un lexique pour les comprendre. Cependant, nous ne pouvons résister au désir de faire connaître, traduit en français, un vieux Noël breton, qui ne manque ni de verve poétique, ni de couleur locale :

« N'y a-t-il pas en ces lieux un petit enfant couché dans une crèche, un petit enfant couvert de pauvres langes et qui sourit endormi ? — Prends ton repos, doux oiseau du ciel ! Prends ton repos en attendant la croix.

» Le Foloët n'a pas toujours eu son église de granit ciselé, comme on cisèle l'or à la ville, et nos pères n'offraient point en sacrifice l'Enfant-Noël caché sous l'azyme.

» Dans la forêt, au carrefour du vieux chêne, on voit encore sur quatre pierres moussues une grande dalle grise.

« Sur la dalle grise est une rigole d'où ruisselait le sang des captifs, souvent même de la jeune vierge et de l'enfant innocent.

» Frappe ! disait l'homme des chênes ; frappe ! — Mais pour satisfaire pleinement le ciel, il faudrait, ô druide ! un sacrifice impossible : humain, parce que l'homme est coupable; divin, parce que c'est sur le rang de l'offensé qu'on mesure une offense, et l'offensé, c'est Dieu !

» Noël ! Noël ! pauvres condamnés ! l'impossible est accompli. Gardez vos fils, pauvres mères ; c'est Dieu qui donne le sien.

» Il est là, le petit enfant, couché dans sa crèche ; le petit enfant couvert de pauvres langes et qui sourit endormi.... Prends ton repos, doux oiseau du ciel, prends ton repos en attendant la croix ! »

Passons aux Noëls français du XVIe siècle et aux compositions qui s'y rapportent.

V. Il est bon de prévenir d'abord que ceux de la renaissance, comme leurs aînés du moyen âge, étaient moins faits pour être chantés à l'église que dans les veillées en famille. Quelques-uns même se chantaient à la Cour, et, sous le voile des langes du Christ, nos aïeux transformèrent parfois ce cantique en ballade ou en joviale chanson. Du reste, tout s'y trouve : géographie, statistique, instruments de musique, ustensiles de ménage ou d'agriculture, évènements nationaux, personnages contemporains, enfin, scènes de mœurs entre des bergers et des bergères, mais où l'on aurait tort de chercher l'intrigue des pastorales exclusivement profanes. Il y avait donc, à côté du Noël *religieux*, le Noël *royal*, le Noël *politique*, et le Noël *badin* ou *villageois*. Les deux intermédiaires furent surtout en vogue pendant le siècle de Louis XIV. Quant au dernier, c'est une des sources les plus abondantes de nos vieilles traditions domestiques et locales.

M. Th. Bélamy a très-bien exposé la part d'intérêt qui s'attache à ces diverses pièces, dans la préface de sa nouvelle édition des Noëls bisontins : « Abstraction faite, dit-il, de l'originalité parfois piquante de leur forme..., ils se recommandent avant tout par un genre de mérite qui ne saurait échapper à l'observation la plus superficielle et par lequel s'explique leur succès toujours croissant auprès des lecteurs de toutes les classes : nous voulons dire la peinture fidèle de mœurs et de caractères primitifs dont l'empreinte va s'effaçant chaque jour davantage. A ce titre, leur popularité ne saurait manquer de s'accroître par la succession des temps ; et ces naïves productions, qui égayaient les soirées de famille de nos aïeux..., offriront certainement un jour à l'observateur, au peintre de mœurs locales, à l'histoire même, de curieux mémoires à consulter. »

Nous avons nommé tout à l'heure le Noël badin ou villageois. Pour n'en être pas étonné, il faut tenir compte des circonstances où ces cantilènes furent composées, et du lieu où elles se chantaient. Citons à ce propos les judicieuses réflexions de M. Fertiault, dans son introduction aux Noëls bourguignons : « Plusieurs d'entre eux sont, non pas un but, mais un moyen ; c'est-à-dire, que le Noël vient tout simplement en aide à la célébration de la fête que son nom désigne.... Et pour se faire l'idée la plus juste possible de la portée et de l'importance de ces hymnes vulgaires, il n'y a qu'une seule chose : c'est de voir les lieux où ils se chantent. Vous vous êtes peut-être imaginé que les nefs des églises retentissaient du bruit de ces couplets monotones, de ces pléonasmes habillés en refrains ? Erreur profonde dont il vous faudra sortir. Ces refrains, ces couplets monotones, ces Noëls enfin, se chantent non pas dans les églises...., mais chez soi, au coin du feu, principalement sous le vaste manteau des cheminées villageoises, en groupes toujours nombreux de voisins et d'amis, et à côté de marrons, de vin blanc, etc. »

Étienne Pasquier, célèbre jurisconsulte du XVIe siècle, a consigné ces traditions populaires dans ses *Recherches sur la France*. « En ma jeunesse, dit-il, c'estoit une coutume que l'on avoit tournée en cérémonie, de chanter tous les soirs, presque en chaque famille, des Noëls qui estoient chansons spirituelles en l'honneur de Notre-Seigneur. »

Cet écrivain nous semble avoir bien saisi la physionomie de ces Noëls hybrides, en les appelant des *chansons spiri-*

tuelles. Encore ne leur accole-t-on cette épithète que par faveur, puisqu'on aurait peine à y surprendre parfois le moindre sentiment de piété. Étaient-elles plus chrétiennes dans l'intention des auteurs? Question délicate et dont la solution, d'ailleurs, n'importe guère à notre Étude.

Dans son *Cours d'archéologie*, M. l'abbé Godard fait observer que « ces chants s'exécutèrent dans la rue, au coin du foyer, durant la veillée joyeuse, plutôt qu'à l'intérieur des églises. » Il ajoute ces réflexions, bonnes à retenir : « Les populations des siècles précédents, si l'on excepte les gens lettrés, entendaient, sans avoir la tentation de rire, ce qui nous paraît plat ou voisin de la bouffonnerie. Et même cela est vrai, de nos jours, pour les habitants des campagnes où l'on chante, non les cantiques les plus surannés, mais au moins les vieux Noëls, qui ne leur cèdent pas toujours en trivialité... Le peuple ne s'en offense point et ne semble pas même le remarquer. » Nous avons eu l'occasion de constater cette *bonne foi* dans plusieurs paroisses de la Gironde.

Des causes secondaires ont accru la popularité de ces chants : c'étaient les coutumes traditionnelles qui, rayonnant autour de la fête du 25 Décembre, lui empruntaient ses Noëls. Ainsi, en Normandie, en Bourgogne, en Provence, les Hautbois de l'Avent, sorte de ménétriers, parcouraient les rues et les villages en jouant des couplets naïfs, durant les quatre semaines préparatoires à cette fête. — Dans le Limousin, le Poitou et autres contrées, on allumait la souche consacrée, au chant des plus gais refrains. — A Aix, les indigents eux-mêmes chantaient des Noëls pour implorer la pitié des riches au nom du Dieu qui naquit pauvre pour l'amour de nous. Ailleurs, on jouait, en ce jour, des pastorales commémoratives, et partout encore on s'y livre aux joies des réveillons, avec assaisonnement de cantilènes plus ou moins dévotes. — Nous ne pouvons indiquer ici toutes les pratiques originales que le Noël domine ou résume, comme expression de l'enseignement populaire; mais on comprend qu'à raison de son heureuse influence, il ait acquis partout le droit de bourgeoisie et la place du meilleur ami au foyer de la famille.

VI. Clément Marot est l'un des plus anciens poètes français du XVIe siècle qui ait chanté la Nativité [1]. Il a écrit sur ce thème une ballade et une chanson. Ces deux compositions nous semblent assez faibles de style et de pensée, quoiqu'elles aient de la couleur locale. Voici le premier couplet de la seconde :

>   Une pastourelle gentille,
>   Et un bergier, en un vergier,
>   L'autre-hier, en jouant à la bille,
>   S'entredisoient pour abrégier :
>   Rogier
>   Bergier !
>   — Legière
>   Bergière !
>   C'est trop à la bille joué :
>   Chantons Noë ! vive Noë !

Cette chanson a fourni à Bernard de la Monnoie le type de son IXe Noël, où il fait intervenir, avec tant de bonhomie, le curé de Plombières. Du reste, il ne faudrait pas juger Clément Marot sur un couplet de circonstance. Un écrivain de goût, M. Francis Wey, a dit de lui : « Le plus ancien des poètes de la renaissance est le moins suranné et le plus intelligible. Il reste français en luttant contre les excès de la Muse antique. »

A-peu-près vers le même temps (1520), parurent « les Noëlz nouvellement composez à l'honneur de la Nativité de Nostre-Saulveur Jésu-Christ [2]. » Puis, en 1539, « un chant natal contenant sept Noëlz, avec un mystère de la Nativité, par personnaiges [3]. »

On le voit : on jouait encore des drames religieux, mais non plus *farcis* de latin, comme au moyen âge. Notre langue

---

[1] Édit. Roville, à Lyon.
[2] Lyon, chez Claude le Nourry.
[3] Ib., chez Sébastien Gryphius.

nationale s'émancipait partout. Elle sortait des bégaiements de l'enfance pour se parer des atours d'une jeunesse virile ; et, tandis que l'unité française, consommée depuis Louis XI, achevait de triompher des dialectes, Rabelais, Montaigne, Amyot et les poètes de la cour de François Ier, ouvraient, à notre littérature, de nouveaux horizons.

Contemporaine de toutes ces illustrations, Marguerite de Valois composa, en 1545, d'après le *Chant natal* précité, une comédie *spirituelle* sur la naissance du Christ. Pour en donner une idée, nous citerons son Noël paraphrasé du *Gloria in excelsis* :

> Gloire soit au Dieu des dieux,
> Et d'icelle qu'il remplisse
> Tous les cieulx et les haults lieux
> Ordonnés pour son service.
>
> Paix soit au monde ici-bas,
> Et la terre en soit si pleine
> Que l'on change tous les débats
> En volonté souveraine.
>
> Aux hommes créés de toi,
> En ceste heureuse journée
> Soit, avec ton amour et foi,
> Bonne volonté donnée.

Peut-être trouvera-t-on que nos citations laissent à désirer... Mais nos poètes primitifs ne pouvaient égaler ceux du XVIIe siècle, et leurs œuvres doivent être plus étudiées comme documents d'histoire littéraire que comme vrais modèles de littérature. D'ailleurs, la poésie du Noël, dit M. Charles Nisard, doit conserver toute la naïveté des anciens drames ou mystères de la Nativité, et ceux qui la voudraient plus ornée, n'entendent pas le génie de ces compositions, dont toute la beauté est la simplesse, dont tout l'art sera l'absence même de l'art. Nous ne connaissons rien, à ce point de vue, d'aussi gracieux que le Noël suivant, qui remonte au règne de Louis XII, et qu'une foule de diminutifs relèvent agréablement :

Noël nouvelet, Noël chantons icy;
Dévotes gens, rendons à Dieu mercy;
Chantons Noël pour le roi nouvelet:
    Noël nouvelet!
  Noël chantons icy.

Quand m'esveilly et j'euz assez dormy,
Ouvris mes yeux, vis un arbre fleury
Dont il issit un bouton vermeillet:
    Noël nouvelet!
  Noël chantons icy.

Quand je le vy, mon cœur fust resjouy,
Si grand'clarté resplendissait de luy,
Com' le soleil qui luit au matinet:
    Noël nouvelet!
  Noël chantons icy.

D'un oysillon après le chant j'ouy,
Qui aux pasteurs disait : Partez d'icy;
En Bethléem trouverez l'aignelet:
    Noël nouvelet!
  Noël chantons icy.

En Bethléem Marie et Joseph vy;
L'asne et le bœuf, l'enfant couché parmy;
La creiche estoit au lieu d'un bercelet :
    Noël nouvelet!
  Noël chantons icy.

Nous supprimons les derniers couplets de ce cantique, parce qu'ils se rapportent plus spécialement à l'adoration des Mages, et à la Présentation de Notre-Seigneur (2 Février); mais qu'on nous permette de citer encore le refrain, si plein de mignardise, du Noël : *Marie en Bethléem s'en va*, qui nous rappelle l'époque de Ronsard :

Marie m'amye,
Vous êtes si saincte et jolie,
Que chacun pour vous chante Nau,
    Nau, Nau!
Que chacun pour vous chante Nau.

Un autre dit :

> Chantons Nau autant de fois
> Qu'il y a de feuilles ès bois,
> Et d'herbes flories
> Dedans les prairies.

Voici maintenant quelques strophes d'un Noël en quinze couplets qui se rapproche de la grande poésie :

> Heureuse nuict, en beauté plus que rare,
> Tu voy Marie en toy, qui se prépare
> Sur l'heure et poinct de son enfantement.
> Or, dy-moy donc, ô nuict, dy-moy comment,
> Toute ravie, en terre elle s'incline
> Pour adorer ceste essence divine.

> Unique nuict, oh ! quelle jouissance !
> Quel vray bonheur ! quelle resjouissance !
> Voir le Petit à sa mère riant ;
> La mère aussy l'adorant et priant......
> O vœux sacrés à l'enfant acceptables !
> O doux souris à la mère agréables !

> . . . .

> Tu fus présente à ce chant angélique,
> Je dy ce chant du tout[1] évangélique
> Annonçant l'heur de cest enfantement.
> Dy-moi la joie et le contentement
> Que tu reçois, lorsque tu peux entendre
> Le premier cri de ceste enfance tendre.

> Tu l'as donc veu, ô nuict, ce grand miracle :
> L'enfant sortir du sacré tabernacle,
> Comme l'époux paré de son pourpris ;
> Enfant aymé, auquel le Père a pris
> Tout son playsir et sa resjouissance,
> Et néanmoins ils sont de mesme essence.

[1] Tout-à-fait, entièrement.

Dy-moy comment chascun pasteur s'assemble :
Dy comment tous, d'un grand accord ensemble,
Ont entrepris de l'aller visiter.
Nuict, saincte nuict, veuille-moy réciter
Et les propos et cantiques de joye
Qu'ils ont chantés sainctement par la voye.

Ce Noël est extrait du recueil composé par Denisot, comte d'Alsinois, sous le titre de *Cantiques du premier advènement de Jésus-Christ*. Ces cantiques, au nombre de 13, dont quelques-uns ont jusqu'à 20 et 30 couplets, sont en général très-bien réussis, et s'enchaînent les uns les autres de manière à former un petit poème. Nous regrettons de ne pouvoir citer du même auteur :

D'où vient qu'en ceste nuitée......

et

Comme la vermeille rose.....

mais nous craindrions de dépasser les bornes d'un simple Mémoire, et nous renvoyons aux sources déjà indiquées ceux de nos lecteurs qui voudraient des notions plus étendues. Toujours est-il que les Noëls en langue vulgaire et en patois ont surtout exercé la verve poétique de nos ancêtres, à partir de la renaissance ; mais nombre de collections postérieures n'en sont que des réminiscences, des imitations plus ou moins heureuses, malgré leur titre de *Noëls nouveaux*. Ce sont plutôt, avons-nous dit, des Noëls rajeunis. Nous ferons pourtant exception en faveur de ceux qu'ont signés, au XVIIe siècle, Bernard de la Monnoie, François Gauthier et Saboly.

Quant aux compositions analogues, qui datent de ces dernières années, leur style plus châtié laisse encore regretter la suave naïveté des bons vieux temps. Puissions-nous en avoir imprégné ces humbles pages, et provoquer une étude plus sérieuse sur les Noëls si intéressants du siècle de Louis XIV !

Bordeaux. — Impr. de F. Degréteau et Cie.

NOTA

L'auteur de ces *Recherches* a composé un Recueil de 80 Noëls, les uns inédits, les autres choisis avec le plus grand soin parmi une foule de chants sur le divin berceau. — Ce recueil, honoré d'une approbation motivée de Son Éminence, sera livré à l'impression dans le cas où d'assez nombreuses demandes en couvriraient les frais.

www.ingramcontent.com/pod-product-compliance
Lightning Source LLC
Chambersburg PA
CBHW060636050426
42451CB00012B/2615